LE RÉGIME DOTAL

ET

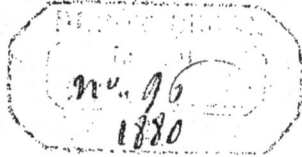

LA COUTUME DE LA HAUTE-MARCHE

PAR

M. L. LAROMBIÈRE

MEMBRE DE L'INSTITUT

PARIS

ALPHONSE PICARD, ÉDITEUR

LIBRAIRE DES ARCHIVES NATIONALES ET DE LA SOCIÉTÉ
DE L'ÉCOLE DES CHARTES.
rue Bonaparte, 82.

Juillet 1880.

LE RÉGIME DOTAL

ET

LA COUTUME DE LA HAUTE-MARCHE.

EXTRAIT DU COMPTE-RENDU

De l'Académie des sciences morales et politiques

(INSTITUT DE FRANCE)

PAR M. CH. VERGÉ,

Sous la direction de M. le Secrétaire perpétuel de l'Académie.

LE RÉGIME DOTAL

ET

LA COUTUME DE LA HAUTE-MARCHE

PAR

M. L. LAROMBIÈRE

MEMBRE DE L'INSTITUT

———

PARIS

ALPHONSE PICARD, ÉDITEUR

LIBRAIRE DES ARCHIVES NATIONALES ET DE LA SOCIÉTÉ
DE L'ÉCOLE DES CHARTES.
rue Bonaparte, 82.

—

Juillet 1880

LE RÉGIME DOTAL

ET

LA COUTUME DE LA HAUTE-MARCHE.

La promulgation du code civil remonte à peine à trois quarts de siècle, et cette unité de législation, pour toute la France, s'est si vite et si pleinement emparée des esprits, qu'elle y a presque effacé jusqu'au souvenir de nos anciennes lois locales. Si l'on excepte les hommes, assurément en nombre restreint qui par devoir de profession ou de fonction, sont tenus d'en posséder une nation suffisante, la plupart de nos contemporains ignorent quelle était autrefois la législation, coutume ou droit écrit, de leur pays d'origine. D'autres causes indépendantes de la substitution d'un droit civil à un autre, car elles l'ont précédée dans l'ordre des faits de notre rénovation politique, ont elles-mêmes concouru à produire ce résultat : Il suffit d'indiquer l'abolition des anciennes justices faisant place à une nouvelle organisation judiciaire, et la distribution de nos vieilles provinces, par voie de morcellement ou de réunion, en départements administratifs.

Le département de la Creuse est certainement entre tous celui qui en a éprouvé la plus profonde perturbation géographique, sous le triple rapport du droit et des coutumes, du ressort des juridictions, des circonscriptions de provinces (1).

(1) V. le rapport adressé en 1862 au préfet de la Creuse par M. Bosvieux, alors archiviste du département, depuis juge au tribunal de Wissembourg, et qu'une mort prématurée a enlevé aux études histo-

Sur les 263 communes dont il est composé on en compte :

135 en Marche,

29 en Poitou,

28 en Combraille,

14 en Berry,

9 en Auvergne,

8 en Limousin,

4 en Franc-Alleu,

3 en Bourbonnais,

12 en Marche-Franc-Alleu,

6 en Marche-Poitou,

4 en Limousin-Poitou,

4 en Marche-Berry,

2 en Marche-Limousin,

2 en Bourbonnais-Combraille,

1 en Poitou-Combraille,

1 en Franc-Alleu-Combraille,

1 en Marche-Franc-Alleu-Limousin (1).

A cette diversité des territoires correspondait celle des jüridictions. Ceux qui étaient situés en Marche ressortissaient à la sénéchaussée de Guéret ;

En Auvergne, Combraille et Franc-Alleu, à la sénéchaussée de Riom ;

En Poitou, à celle de Montmorillon ;

En Bourbonnais, à celle de Moulins ;

En Berry, au grand bailliage d'Issoudun ;

Tous dans le ressort du Parlement de Paris.

Enfin les territoires situés au Limousin ressortissaient à la sénéchaussée de Limoges, ressort du Parlement de Bordeaux.

riques et archéologiques. Les trois communes de Lavaveix-les-Mines, de Saint-Yrieix-la-Montagne et de La Villeneuve ne figurent pas dans le travail de M. Boivieux.

(1) V. *in fine* le tableau du département de la Creuse.

De même, quant aux biens à venir. Comme ils ne pouvaient être dotaux qu'à la faveur d'une expresse constitution en dot, il était loisible à la femme d'en étendre ou restreindre la portée.

Dans tous les cas, soit qu'il s'agit de biens présents ou de biens à venir seulement, ou cumulativement des uns et des autres, l'étendue de la constitution était déterminée par les termes précis dans lesquels elle était conçue ; et les effets de la dotalité étaient réglés en conséquence.

Nos anciens jurisconsultes s'étaient demandé, sous la coutume de la Marche, si malgré l'art. 302 qui ne réputait dotaux que les biens que la femme avait au temps de ses fiançailles, certains biens à venir ne devaient pas, à raison de leur provenance même, être considérés comme biens présents et par suite dotaux. La question se débattait au sujet des biens que la femme avait recueillis, postérieurement à son mariage, dans des successions qui s'étaient ouvertes en ligne directe. On invoquait contre les termes de notre article l'existence d'un droit de co-propriété entre les membres de la famille sur le patrimoine commun, l'inviolabilité des droits de légitime et de réserve établis en faveur des enfants, enfin une sorte d'institution légale qui, pour être l'œuvre de la loi même, ne devait pas produire moins d'effet qu'une institution conventionnelle. Cette opinion, qui était celle des commentateurs les plus autorisés de la coutume, avait prévalu dans l'ancienne jurisprudence, et il était admis que les biens échus à la femme, après son mariage, dans les successions de ses père et mère ou autres ascendants, devaient être réputés dotaux, et non adventifs ou paraphernaux. Depuis la promulgation du Code civil, la question a été, mais après de vifs débats, résolue dans le même sens. Cette jurisprudence ne paraît pas, d'ailleurs, avoir été adoptée sous l'empire de la coutume d'Auvergne, bien qu'elle ne fût pas contestée en Normandie.

En faisant du régime dotal le régime de droit commun, la

coutume de la Marche ne l'avait pas imposé, à l'exclusion de tout autre, comme régime d'ordre public et nécessaire. A la différence de la coutume de Normandie, coutume *ultra* dotale, qui par son art. 389 excluait la communauté, elle laissait aux contractants la liberté la plus entière, quant au choix du régime et des clauses accessoires.

Les époux avaient donc la faculté d'exclure le régime dotal comme règlement de leur association conjugale, et d'adopter celui de la paraphernalité ou séparation de biens qui s'imposait même de droit quand la femme n'avait pas de biens présents. Ils avaient de même le droit, dont, il est vrai, ils n'usaient guère, d'emprunter aux coutumes voisines du Bourbonnais, du Berry et du Poitou leur régime de communauté. Cette liberté, dans tous les cas, qu'ils en fissent ou non usage, leur permettait de rédiger leurs conventions de mariage à leur gré et suivant leurs intérêts.

L'habitude, et elle se maintient de nos jours, était de conserver le régime de la coutume, avec une constitution de dot limitée ou générale, et de le modifier seulement par la stipulation d'une société d'acquêts. Un grand nombre de contrats de mariage rédigés en ce sens ont passé sous nos yeux. Le plus souvent, surtout entre pauvres et petites gens, cette société débute par le double apport d'une somme modique. Il semble que sans ce capital de première mise, la société dût être, dès son origine, frappée de stérilité. Quant aux acquêts, il y en a toujours en espérance, ils se partageront, à la dissolution du mariage, également ou inégalement entre les époux ou leurs héritiers. Souvent encore ils sont attribués en usufruit ou en pleine propriété au survivant, à titre de gain de survie.

Ces diverses stipulations combinées de régime dotal, de société d'acquêts, d'apports égaux de part et d'autre et de gain de survie, nous amènent involontairement à ce fameux passage des *commentaires* sur lequel, après tant de controverses, et peut-être à cause d'elles, on voudra bien nous pardonner de hasarder une nouvelle explication.

« Autant les maris ont reçu de leurs épouses en valeurs mobilières, à titre de dot, autant, dit César, liv. VI, ch. ix, ils mettent en commun avec la dot de leurs biens propres, d'après estimation. Il est fait raison du tout ensemble, et les fruits en sont conservés. Le survivant des deux, quel qu'il soit, recueille la part de l'un et de l'autre, avec les fruits des temps passés (1). »

Il est bien évident d'abord qu'en parlant de ce régime matrimonial, César ne le présente pas comme légal et de droit, mais comme un de ces usages qui étaient entrés dans les mœurs des Gaulois. Il avait si bien un caractère purement contractuel, qu'une convention était nécessaire pour régler la quotité des apports, et qu'une estimation devait en assurer l'égalité. La loi toute seule ne pouvait suffire au règlement de ces deux points qui dépendaient de la volonté et des convenances des parties.

Comme ce régime était inapplicable, et pour cause, aux femmes qui n'avaient pas de dot, et il devait y en avoir, il fallait bien que la loi eût pris soin d'en donner elle-même un de sa main aux deux époux.

La même nécessité s'imposait, enfin, à l'égard de ceux qui, se plaçant en dehors de l'usage, auraient répudié toute mise en commun, avec attribution du tout au survivant. Car il est impossible de concevoir des sociétés régulièrement constituées, comme l'étaient les cités gauloises au temps de César, sans admettre en même temps la nécessité d'une loi destinée à régir les rapports des époux, et quant à leurs personnes, et quant à leurs biens.

(1) Viri quantas pecunias ab uxoribus, dotis nomine acceperunt, tantas ex suis bonis, æstimatione facta, cum dotibus communicant. Hujus omnis pecuniæ conjunctim ratio habetur, fructusque servantur. Uter eorum vita superarit, ad eum pars utriusque, cum fructibus superiorum temporum, pervenit.

Le double apport en commun de la part de la femme et du mari de valeurs égales, avec attribution au survivant du tout accru des fruits, ne constitue lui-même qu'une société d'acquêts limitée quant à son objet, et qui n'est, à proprement parler, une société que par la commune participation des époux aux chances de survie. On ne saurait donc y voir autre chose qu'une modalité accessoire et variable d'un régime principal, institué par la loi, et dont la volonté des parties, conforme à l'usage, modifiait dans la pratique l'application absolue.

Quel était-il ? Quel pouvait-il être ? Sauf les valeurs mobilières, argent, mobilier mort et vif, qui étaient mises en société, tout le surplus des biens présents, meubles ou immeubles, et tous les biens à venir restaient la propriété personnelle de chaque époux. Cette distinction des deux patrimoines en était le caractère principal et dominant, et c'est par elle aussi qu'il doit être défini. Quand donc César, observateur et jurisconsulte, connaissant très-bien la valeur des termes juridiques qu'il emploie, écrit à deux reprises, coup sur coup dans la même ligne, le mot, dot, qui, en droit romain, a quelque chose de sacramentel, on peut dire que par là même il qualifie le régime dont il signale une particularité.

Nous avons dès à présent la dot, les biens dotaux ; il ne reste plus pour compléter le système qu'à avoir les biens qui en sont la contre-partie, c'est-à-dire les biens extra-dotaux ou paraphernaux. Si les commentaires nous ont donné les uns, le digeste va nous fournir les autres. Ulpien, jurisconsulte du IIIe siècle, dans un fragment qui est devenu la loi 9, § 3, *de Jure dotium*, parle de biens *quæ Græci parapherna dicunt, quæque Galli peculium appellant.* Chacun de ces termes exprime, en effet, très-bien, l'un par la cause, l'autre par l'effet, la nature des biens qui, n'ayant pas été constitués en dot, ont été retenus par la femme comme propres et particuliers. Mais en même temps leur diversité même suffit pour établir que les Gaulois avaient de cette espèce de biens une notion indépendante du droit romain et antérieure à la conquête. Car s'ils avaient été une nouveauté d'importation étrangère, ils auraient gardé leur dénomination d'origine (1).

Ce rapprochement peut servir à expliquer la facilité avec laquelle le régime dotal, ses développements successifs et ses priviléges se sont autrefois popularisés dans les Gaules, et la persistance avec laquelle ils se sont maintenus dans un grand nombre de provinces. Ce n'est pas que la jurisprudence des parlements et les coutumes locales se soient toujours et partout systématiquement conformées au droit de Justinien ou au droit Romain antérieur. Mais il est évident que, dans leur esprit général, elles en ont subi l'influence et reçu l'inspiration, malgré des divergences sur plusieurs questions d'un intérêt considérable.

C'est ainsi qu'aux termes de l'art. 295 de la coutume de la Marche, le mari avait l'administration des biens de la femme, constant le mariage, soit qu'il s'agît de biens dotaux, adventifs au paraphernaux, et qu'il en faisait les fruits siens, tant que le mariage durait. Cette assimilation de biens de nature diverse, quant à leur administration et l'appro-

---

(1) Nous retrouvons dans les dispositions mêmes de la coutume de la Marche les traces de cette combinaison traditionnelle d'un gain de survie avec le régime dotal. L'art. 305 porte que les biens dotaux retournent à la femme ou à ses héritiers, le mariage solu, s'il n'est autrement accordé, et que la femme ou ses héritiers sont saisis quant aux immeubles, sans autre appréhension de fait; mais l'art. 306 ajoute que ce qui est donné par forme de gain nuptial, qu'on appelle au pays *logres*, en traité de mariage, ne gît point en restitution. La raison en est simple : c'est que ces logres, soit qu'ils consistent en jouissances on en propriété (1), appartiennent au survivant des deux époux, et que la femme prémourante n'y a aucun droit.

(1) *De lucrum*. Voy. Delaurière, *Glossaire*, et le diction. de Trévoux.

priation des fruits par le mari, est en opposition avec les
principes de la loi romaine et la jurisprudence des parlements de droit écrit qui laissaient à la femme la libre gestion et la jouissance de ses biens paraphernaux. Elle est
également contraire aux dispositions de la coutume d'Auvergne qui par son art. 1, ch. xiv, affranchissait la femme
de la puissance maritale et la réputait mère de famille et
dame de ses droits, en ce qui concernait ses biens adventifs
et paraphernaux, c'est-à-dire ceux qui ne lui survenaient
qu'au cours du mariage, ou qui, extants lors du mariage,
avaient été, par convention expresse, exceptés de la constitution de droit.

En concentrant dans une forte unité, entre les mains du
mari, tous les pouvoirs d'administration et tous les droits
de jouissance, notre coutume avait entendu sans doute for-
tifier l'autorité maritale, contenir des mouvements d'indé-
pendance, prévenir des conflits domestiques et trancher
toutes difficultés sur la contribution de chacun aux charges
du ménage. Il incombait au mari seul d'y subvenir, comme
aux autres charges de son usufruit universel, tandis que la
femme, si elle eût conservé la gestion séparée de ses biens
paraphernaux, aurait été obligée d'y participer pour une
quotité que son indétermination même pouvait rendre liti-
gieuse entre les époux.

Cependant la coutume reprenait bien vite les traditions
romaines. Après avoir, par son art. 295, autorisé le mari à
administrer les biens paraphernaux et à en faire les fruits
siens, elle disait dans son art. 303 que la femme pouvait
disposer de ses biens paraphernaux ou adventifs, par titre
onéreux durant son mariage, sans l'autorité de son mari.
Mais ce droit de disposition ne lui était reconnu que pour
les actes à titre onéreux, dont le caractère commutatif as-
surait au mari la jouissance d'une valeur équivalente.

Quant aux actes de disposition à titre lucratif, le même
article ajoutait qu'elle ne pouvait en disposer entre-vifs à

personne quelconque, sinon en faveur de mariage ou par donation mutuelle à son mari. La prohibition s'explique d'elle-même par la gratuité de la disposition qui aurait fait perdre à ce dernier les fruits sans indemnité.

Mais la coutume d'Auvergne art. 1 et 9, ch. xiv, admettant le droit absolu de la femme sur les biens paraphernaux, tant sur le fonds que sur les fruits, devait repousser et repoussait en effet toute distinction entre les actes de disposition à titre gratuit et ceux à titre onéreux. Sous son empire, comme sous la loi romaine suivie dans la plupart des pays de droit écrit, la femme pouvait disposer de ses biens adventifs et paraphernaux, à son plaisir et volonté, sans l'autorisation de son mari, par tous actes entre-vifs, même de donation. Et par une conséquence qui se déduisait d'elle-même, elle était admise à ester en justice, soit en demandant soit en défendant, sur toutes actions possessoires ou pétitoires concernant les mêmes biens, sans l'autorisation ni l'assistance de son mari.

Presque tous les parlements des pays de droit écrit, fidèles en cela aux principes de la loi romaine, reconnaissaient au mari sur les biens dotaux les pouvoirs les plus étendus d'administration. Il était considéré, dans l'accomplissement de ce mandat légal, comme investi par la délégation de la femme et l'autorité de loi d'un droit de propriété concurrent et même supérieur. Il était *dominus dotis*, et, à ce titre, il avait qualité pour accomplir seul certains actes juridiques qui régulièrement rentrent dans le droit de disposition. Les coutumes de la Marche et d'Auvergne n'étaient pas allées aussi loin. Elles conféraient bien au mari, pendant le mariage, le droit d'administrer les biens de la femme, et, par conséquent, d'exercer ou de soutenir seul toutes les actions personnelles, mobilières et possessoires se rattachant à son administration ; mais lorsqu'il s'agissait d'actions réelles ayant pour objet des biens dotaux, il cessait d'être, soit en demandant soit en défendant, seul contradicteur légitime, et la femme, pour la régularité de l'action où sa propriété était en débat, devait être personnellement partie dans l'instance et en qualité dans la procédure, soit qu'elle agît en nom principal sous son autorisation, ou en double nom conjointement avec lui.

Nos deux coutumes étaient également d'accord pour proclamer dans les mêmes termes l'inaliénabilité des biens dotaux. Celle de la Marche dispose, art. 297, que le mari et la femme conjointement ou séparément, constant le mariage (ou fiançailles, ajoute celle d'Auvergne, art. 3, ch. 14), ne peuvent vendre, aliéner, permuter, ne autrement disposer des biens dotaux de ladite femme au préjudice d'icelle. Voilà le principe posé, et pour écarter toutes exceptions contraires et priviléges de juridiction que le droit canonique prétendait fonder sur la sainteté du serment, l'art. ajoute que telles dispositions et aliénations sont nulles et de nul effet et valeur, et ne sont validées par serment.

Toute infraction à la prohibition d'aliéner les biens dotaux donnait ouverture au profit de la femme et de ses héritiers, enfants, collatéraux ou étrangers, à une action en nullité, non en restitution, qui s'exerçait sans lettres de rescision, et n'était soumise, à partir de la dissolution du mariage, qu'à la prescription ordinaire. A vrai dire, cette action en nullité appliquée à des immeubles avait les caractères d'une action en revendication et en produisait tous les effets.

A la différence du droit romain qui déclare inaliénable seulement le fonds dotal, l'immeuble dotal, notre art. 297 applique la prohibition qu'il édicte aux biens dotaux, expressions générales qui repoussent toute distinction entre les meubles et les immeubles. La dot mobilière était donc elle-même inaliénable, en ce sens du moins que la femme ne pouvait ni en faire la matière d'un engagement valable, ni perdre par une renonciation ou par un transport fait à des tiers, soit ses reprises dotales, soit les garanties, telles que

l'hypothèque légale, qui y étaient attachées. Si la question
était encore débattue devant certains Parlements des pays
de droit écrit, en Marche et en Auvergne elle ne se discu-
tait plus, et c'était un adage populaire, qu'un mariage ne se
perd pas. En droit, sinon en fait, la femme n'était exposée
à perdre que la somme qu'elle avait confondue dans une
communauté conventionnelle avec un apport égal fait par
son mari. Sauf ce cas particulier, et aussi le fait d'insolvabilité plus fort que la loi, la dot de la femme, mobilière et
immobilière, était sauvegardée.

Cependant, malgré la généralité des termes de l'art. 297,
la jurisprudence avait fini par placer en dehors de ses pro-
hibitions certains actes, soit à raison des effets qu'ils devaient produire, de la nécessité qui semblait les imposer,
ou de la faveur spéciale qui les recommandait. Ainsi, n'é-
taient point considérés comme actes de disposition ou d'a-
liénation prohibés par la coutume, l'institution d'héritier
qui n'est, à tout prendre, qu'un testament irrévocable, le
partage en nature qui ne fait que déterminer les parts des
copropriétaires, la licitation de la chose indivise reconnue
impartageable qui tient lieu de partage, la transaction qui
de tout temps a mieux valu qu'un bon procès, l'acceptation
ou la répudiation d'une succession qui n'est que l'exercice
de la liberté laissée à l'héritier, le payement des légitimes
en fonds ou deniers dotaux qui procure la libération d'une
dette certaine. On avait même, au moins une fois, validé la
vente d'un immeuble dotal, par le motif que la femme avait
fait du prix un utile emploi, et que l'acquéreur en justifiait.
Toutefois, les commentateurs donnaient le sage conseil de
suivre, dans ces divers cas, les formalités exigées par la
coutume, pour la validité de l'aliénation des biens dotaux,
dans les circonstances où elle était exceptionnellement per-
mise.

L'inaliénabilité de la dot étant la règle, les exceptions
étaient expressément posées par la coutume. D'après l'art.

300, la femme pour mariage de ses filles et autres descendants, par l'autorité du mari, pouvait disposer par contrat entre vifs jusques à la moitié de ses biens dotaux, et au-dessous par décret de juge et connaissance de cause. Mais il paraît que cet art., dans la partie qui exigeait l'intervention du juge, avait fini par ne plus être observé, et que l'autorisation du mari, qu'il fût riche ou pauvre, suffisait pour habiliter la femme à constituer des dots à ses filles. Sous la coutume d'Auvergne qui réduisait au quart seulement la quotité aliénable, ch. 14, art. 6, le décret du juge, toujours strictement obligatoire, ne s'accordait que si le mari était hors d'état de constituer les dots de ses biens personnels.

L'art. 301 permettait encore l'aliénation des biens dotaux dans certains cas qu'il nomme avec raison de nécessité, comme pour fournir des aliments à la famille, ou pour racheter le mari de prison. Mais il fallait un décret du juge, rendu en connaissance de cause et seulement dans le cas où il n'existait pas d'autres biens, soit propres du mari, soit paraphernaux on adventifs de la femme. Toutefois, si le mari revenait à meilleure fortune, la femme avait contre lui une action en indemnité ou récompense.

L'un des commentateurs de la coutume, membre du présidial de Guéret, indique comment procédait le juge : le Procureur du roi donnait ses conclusions, puis le juge ordonnait une enquête, et sur ses résultats combinés avec les preuves par écrit, il autorisait soit la vente des biens dotaux soit un emprunt avec hypothèque, pour une quotité qui était laissée à sa discrétion, suivant la nécessité des cas. La femme était alors habilitée par la seule ordonnance du juge, sans avoir besoin de l'autorisation du mari.

A ces exceptions légales il faut ajouter les exceptions conventionnelles que les époux stipulaient avec la liberté la plus entière dans leur contrat de mariage. Ils pouvaient donc convenir que les immeubles dotaux seraient susceptibles d'être aliénés par le mari seul, ou par le mari avec le consentement ou le concours de la femme, de telle sorte qu'après la vente régulièrement consommée, la femme, comme si dès le principe elle se fût constitué une dot en argent, n'avait plus pour garantie de ses reprises que l'affectation des biens du mari, soit à titre d'hypothèque légale ou de gage commun, suivant leur nature immobilière ou mobilière.

Mais le plus souvent il était convenu que les immeubles dotaux ne pourraient être aliénés qu'à la charge par le mari de faire emploi du prix en achat d'autres immeubles, ou de rentes constituées, soit même d'un office; et, dans ce cas, les tiers acquéreurs étaient tenus de veiller à l'accomplissement de la condition à laquelle la vente était subordonnée.

Souvent encore la femme se bornait à stipuler que le mari pourrait vendre ses biens dotaux, à la condition de fournir assignat ou hypothèque de valeur suffisante sur ses biens personnels. Cette condition était aussi de rigueur; mais les tiers acquéreurs, pour échapper à l'éviction, n'avaient qu'à suppléer de leurs deniers à l'insuffisance des garanties dont le mari était tenu.

Ici nous sommes sur le terrain de la liberté des contrats, et après avoir montré comment, dans la pratique, cette liberté se conciliait avec la dotalité coutumière, suivant les convenances et les intérêts des parties, nous avons hâte de rentrer dans le texte de la coutume. Pour bien en saisir le sens et la portée, il faut supposer que les époux n'ont pas fait de contrat de mariage, ou que, s'ils en ont fait un, cet acte est muet sur les conditions spéciales auxquelles les biens dotaux pourront être aliénés. C'est pour cette hypothèse que l'art. 298, conforme d'ailleurs à l'art. 4, ch. 14 de la coutume d'Auvergne, pose une nouvelle exception à la règle de l'inaliénabilité. «Toutefois, dit-il, si la femme est duement récompensée de fonds ou chevance certains, en faisant l'aliénation de ses biens dotaux, elle étant mariée, elle

2.

— 18 —

ou ses descendants, dedans l'an et jour du trépas du mari, peut retourner à soi et se tenir à la chose dotale ou à ladite récompense, et ledit temps et jour passés ne pourra revenir à sa chose dotale, sinon en cas d'éviction.» Après avoir cité textuellement la disposition, essayons de la mettre en action dans une espèce générale.

Une femme aliène ses biens dotaux, et en même temps qu'elle consent cette aliénation, elle reçoit soit par voie d'échange, soit à tout autre titre, en biens appartenant à des tiers ou à son mari, dûment récompense de fonds ou chevance certains, c'est-à-dire d'héritages, de biens immeubles. Dans la rigueur, une pareille aliénation est frappée de nullité ; car elle est une atteinte à l'inaliénabilité du fonds dotal. Cependant la coutume ne la déclare pas nulle de droit. Elle en subordonne les effets à l'option qu'elle exige de la femme ou de ses descendants dans l'année de la mort civile ou naturelle du mari. Pendant ce délai elle a le choix entre la revendication de sa chose dotale, ou sa mise en possession définitive de la récompense. Mais ce délai d'an et jour passé, elle ne pourra revenir à la chose dotale ; elle devra s'en tenir à la récompense, à moins qu'elle n'en soit plus tard évincée. Telle est l'économie de notre article.

Il ne suffirait pas de dire qu'en ce point les rédacteurs des coutumes se sont inspirés d'un sentiment de bienveillance et d'équité envers les tiers. Il faut encore reconnaître qu'ils n'ont ni méconnu ni violé le principe dont ils tempéraient la rigueur absolue. Pour les partisans même les plus déterminés du régime dotal, l'inaliénabilité n'a jamais été un but, mais un moyen. Que la dot soit conservée, voilà l'essentiel ; mais qu'elle le soit en valeurs identiques, ou en valeurs équivalentes, peu importe. Telle a été finalement la pensée même du législateur qui a fait de la conservation des dots une question d'intérêt public, et a le plus fortement organisé le système de la dotalité. Après avoir interdit l'aliénation et l'hypothèque du fonds dotal, même avec le consen-

tement de la femme, Justinien par la novelle 61, § 3, décida
qu'elles seraient maintenues à l'égard des tiers acquéreurs
et créanciers, sous la double condition que la femme, après
deux ans de réflexion, aurait réitéré son consentement, et
que le mari aurait dans son patrimoine des ressources suf-
fisantes pour l'indemniser.

Des dispositions analogues se rencontrent dans la coutume de Normandie. Mais son régime dotal se distingue de
celui de nos deux coutumes par des traits tout particuliers,
que nous devons signaler avec quelques détails. La dot ou
le dot (car les rédacteurs de la coutume en parlent au mas-
culin) comprend tous les biens exstants que la femme ap-
porte en se mariant pour lui demeurer propres, et de plus
les biens qui lui proviennent ultérieurement de successions
en ligne directe. Quant aux autres biens, quelle qu'en soit
la provenance, donation, acquisition, succession collaté-
rale, ils sont qualifiés de non dotaux. L'ensemble de ces
biens exstants et adventifs forme ce que la coutume appelle
le mariage. Ajoutons que par son art. 389 elle exclut la communauté entre époux.

Si, durant le mariage, ses biens ont été moins que dûment aliénés, c'est-à-dire à son préjudice et sans son consentement, la femme, pour s'en faire remettre en possession, peut, aux termes de l'art. 537, intenter contre les détenteurs une véritable action possessoire, nommée bref de
mariage encombré et équipollente à réintégrande. Mais
elle doit la former, elle ou ses héritiers, dans l'an et jour
de la dissolution du mariage, et, ce délai passé, ils ne peuvent plus se pourvoir que par voie propriétaire, c'est-à-
dire au pétitoire et par revendication de la propriété, sans
qu'ils soient d'ailleurs tenus de discuter préalablement le
mari.

Mais quand le mari, du consentement de sa femme, ou la
femme, de l'autorité et consentement de son mari, ont
vendu et aliéné, l'art. 538 déclare les contrats bons et vala-

bles, et la femme ou ses héritiers non recevables à les attaquer, à moins qu'il n'y ait quelque cause ordinaire de rescision, telle que minorité, dol, violence, en un mot quelque vice de capacité ou de consentement.

Les contrats sont donc déclarés bons et valables ; mais ils ne sont cependant inattaquables et efficaces que sous l'une ou l'autre de ces trois conditions : 1° que le prix de la chose ait été employé de manière à indemniser la femme ; 2° ou que la femme puisse se le faire rembourser sur les biens du mari ; 3° ou bien enfin que les acquéreurs offrent et se déclarent prêts à en faire la restitution. Sinon, la femme est en droit de reprendre sa chose.

Voici, en effet, ce que décident les art. 539 et 540 : Lorsque la dot de la femme a été aliénée en tout ou en partie, et que les acquéreurs ne justifient pas que les deniers ont tourné à son profit, elle a droit à récompense du juste prix sur les biens de son mari, avec hypothèque légale du jour du contrat et célébration du mariage ; et dans le cas où la femme ne pourrait obtenir sa récompense sur les biens de son mari, elle peut subsidiairement s'adresser contre les détenteurs de la dot auxquels est alors laissé l'option d'abandonner la chose ou d'en payer le prix, suivant estimation de sa valeur au jour du décès du mari, qui n'en devait la restitution qu'à ce moment de la dissolution du mariage.

Quant aux biens non dotaux, leur aliénation par les époux pendant le mariage, faite sans profit pour la femme, ouvrait en sa faveur le même droit à une indemnité sur les biens de son mari ; et, en cas d'insolvabilité seulement, le même recours subsidiaire contre les détenteurs qui étaient quittes en payant le juste prix. La seule différence entre les deux cas d'aliénation consistait en ceci : pour les biens non dotaux, l'hypothèque légale de la femme datait seulement du jour de l'aliénation, et l'évaluation des biens se reportait à la même époque. C'est ce qui résulte du rapprochement des art. 540 et 542.

Telle est l'économie équitable et simple de la coutume normande : pour elle l'inaliénabilité des biens dotaux et non dotaux, car elle les confond dans une commune garantie, n'est qu'un moyen, moyen extrême, d'assurer la conservation de la dot, du mariage, au sens où elle prend ce mot. Celui qui le premier de tous et principalement est tenu de restitution, c'est le mari qui a reçu le dépôt. Les tiers n'y sont eux-mêmes obligés que d'une manière accessoire, en cas d'insolvabilité du débiteur principal, préalablement discuté. Quant à la femme, si elle reçoit ses biens, non en nature, mais en équivalent ; elle a bien quelque raison de s'en prendre à elle ou à sa famille du choix du dépositaire, ou, dans tous les cas, à elle-même du consentement qu'elle a donné aux actes d'aliénation.

Bien différent est le système des coutumes de Marche et d'Auvergne. Soit, d'une part, que le régime normand ait son origine dans le droit scandinave (1) ; soit, d'autre part, que nos coutumes aient subi, même dans leurs déviations, l'influence du droit écrit avec lequel elles étaient en contact et souvent en promiscuité, il est manifeste que la dotalité qu'elles constituent ne s'écarte pas autant des principes du droit romain. L'art. 298, dont nous avons reproduit le texte, prévoyant le cas où la femme, en faisant l'aliénation de ses biens dotaux, a été dûment récompensée en fonds certains, se borne, en effet, à suppléer dans cette hypothèse, en l'absence de toute stipulation des époux, la faculté de remploi sous la condition d'option qu'il laisse à la femme entre sa récompense et sa chose dotale. C'est bien toujours le même système des équivalents ; mais nos coutumes sont beaucoup plus rigoureuses sur la nature de l'indemnité. Ainsi, tandis que la coutume de Normandie ne demande que la récompense du juste prix en deniers, elles n'admettent d'autre lé-

(1) Voy. Laferrière, *Hist. du droit français*, t. V, p. 642 et *Appendice*, t. VI.

gitime récompense que celle qui consiste en biens immeub'es, qui se trouvent dès-lors, par forme de remploi, réellement subrogés au fonds dotal. Ni l'hypothèque sur les biens du mari, quelque suffisante qu'elle fût, ni la dation en paiement d'effets mobiliers ne pouvaient en tenir lieu, et nulle option, dans ce cas, n'était imposée à la femme.

Il importait peu, du reste, que cette subrogation réelle d'un fonds à un autre se fît par le même acte, comme au cas d'échange, ou par un contrat ultérieur de vente par les tiers ou de dation en paiement par le mari. Bien qu'il semblât résulter de ces mots de l'art. 298, *en faisant l'aliénation*, que la femme devait être partie à l'acte qui lui procurait sa récompense, la jurisprudence n'avait point admis cette rigoureuse interprétation. Il suffisait que la femme en eût une connaissance personnelle, sans y avoir concouru comme partie.

Cette question se rattachait elle-même à la forme dans laquelle l'option de la femme devait être exercée. Non seulement cette option pouvait se faire par la notification de la volonté expresse de s'en tenir à la récompense, mais encore elle pouvait résulter tacitement de faits et d'actes d'exécution et de ratification qui témoignaient de cette volonté. L'option régulièrement faite était irrémissible et définitive.

Le droit de l'exercer était personnel à la femme et à ses descendants. Il ne passait pas aux héritiers collatéraux, sauf le cas où la femme et ses descendants avaient commencé l'action que leurs successeurs ne faisaient alors que continuer du chef et au nom de leurs auteurs. Autrement, ils étaient tenus de s'en tenir à la récompense quelle qu'elle fût, à moins que les actes ne fussent attaqués pour cause de fraude concertée à leur préjudice. Mais la fraude, sans pouvoir jamais se réparer par l'exercice d'un droit d'option qui leur était refusé, donnait seulement ouverture à leur profit aux actions ordinaires de droit commun.

Le délai d'an et jour, à partir de la mort naturelle ou civile

du mari, était un délai fatal dont l'expiration emportait dé-
chéance. Ni la femme ni ses descendants ne pouvaient s'en
faire relever pour cause de minorité. Ils étaient seulement
recevables, comme tout mineur lésé, à se faire restituer pour
cause de lésion, et à la charge par eux d'en justifier. Faute
par eux d'en établir l'existence, ils ne pouvaient, pas plus
que la femme ou ses descendants majeurs, revenir à la
chose dotale.

Telle est l'économie des coutumes d'Auvergne et de la
Haute-Marche : après avoir institué le régime dotal et la
constitution de droit de tous les biens présents comme biens
dotaux et inaliénables, elles s'appliquent à tempérer la rigueur de l'inaliénabilité absolue, au moyen d'un système
d'indemnité et de récompense. Sans aller dans cette voie
équitable aussi loin que la coutume de Normandie, elles
n'admettent que des équivalents de même nature, la subrogation réelle d'un autre immeuble à l'immeuble dotal. Si
restreinte que soit cette faculté de remploi, qui reste encore subordonnée à l'option de la femme et de ses descendants pendant un an après la dissolution du mariage, elle a
du moins cet effet utile de faire rentrer dans le commerce
les immeubles dotaux, et de permettre aux époux d'en faire,
suivant leurs convenances et leurs intérêts, le sujet de
transactions avantageuses et opportunes. Mais c'est surtout
dans la pratique que ce système de récompense a porté ses
fruits. L'idée s'y est développée et fécondée. La dotalité y a
été de plus en plus amendée par d'ingénieux tempéraments,
et les immeubles dotaux sont devenus généralement aliéna-
nables, grâce non seulement à des stipulations de remploi,
mais encore à des clauses de simples garanties hypothé-
caires et d'assignat suffisant sur les biens du mari.

Il est permis de regretter que lors de la préparation de
notre code civil, ses rédacteurs ne se soient pas un peu
inspirés des sages dispositions de nos coutumes, et que

dans la discussion du projet le débat ait porté tout entier sur les thèses exclusives et absolues du régime dotal des pays de droit écrit et du régime de la communauté coutumière. Peut-être a-t-il semblé au législateur qu'il avait assez fait en ramenant le régime dotal aux termes d'un simple contrat où les parties étaient libres de modifier et d'adoucir les rigueurs de la dotalité. Si telle a été sa pensée, l'expérience autorise à affirmer qu'elle n'a pas été déçue. Le régime dotal pur et simple, tel qu'il est organisé par le code, est en effet l'exception, et la règle générale, si l'on peut donner ce nom à la pratique, est, au contraire, qu'il reçoit de la volonté des parties tous les adoucissements qui se peuvent concilier avec la conservation de la dot.

Sans doute, et c'est là un des grands reproches que lui font ses adversaires, la femme ne peut contracter aucun engagement qui ait les biens dotaux pour gage de son exécution ; elle ne peut même valablement renoncer aux garanties destinées à assurer son patrimoine dotal. Il est vrai ; mais aussi longtemps qu'un intérêt domestique et social, surtout aux époques de fortunes et de ruines soudaines, maintiendra les dots sous la sauvegarde de là loi, il faudra bien accepter les conséquences nécessaires de ce principe de stabilité. D'ailleurs, quand des époux dressent un contrat de mariage, c'est avant tout pour eux-mêmes qu'ils le font. Ils n'ont à se préoccuper des tiers que pour se protéger contre eux, et ceux-ci ne sauraient trouver mauvais ce que les contractants, personnellement intéressés, ont considéré comme bon et avantageux. Il ne leur est dû rien de plus que le moyen de connaître le contrat de mariage, pour qu'ils puissent traiter en connaissance de cause.

Ce serait certainement mal défendre la cause du régime dotal que de récriminer contre celui de la communauté, tel qu'il est établi par la loi. Cependant quand on songe aux développements prodigieux de la richesse mobilière, on ne peut, sans une certaine appréhension, considérer les effets légaux d'un régime qui, en l'absence de tout contrat de mariage, ou au cas d'un contrat de mariage plus tard déclaré nul, fait tomber dans la communauté, comme si chaque époux en donnait une moitié à l'autre, non seulement leurs effets mobiliers présents, mais encore tous ceux qui leur adviennent par hérédité ou donation, si le testateur ou donateur n'a exprimé le contraire. De pareilles éventualités, outre qu'elles ne sont pas purement casuelles, contiennent en elles-mêmes trop d'incertitudes et de déceptions pour qu'elles puissent, en tout état et condition des personnes, fournir de justes éléments de société conjugale. La communauté légale, comme le régime dotal pur et simple, est donc dans la pratique une exception.

Cependant le moins qu'on soit en droit de demander au législateur, quand se faisant en quelque sorte notaire, il rédige un contrat de mariage type, c'est que ce contrat commun concorde dans ses dispositions principales avec ce qui est généralement usité. A ce point de vue, il serait intéressant de rechercher quel est de nos divers régimes celui qui est le plus ordinairement adopté :

Communauté légale ;
Communauté réduite aux acquêts ou autrement modifiée ;
Régime exclusif de communauté ;
Séparation de biens ou régime paraphernal ;
Régime dotal pur et simple, avec constitution générale ou partielle ;
Régime dotal, avec faculté d'aliénation ;
Régime dotal combiné avec la société d'acquêts.

Les recherches statistiques qui ont été entreprises en 1876 par le ministre de la justice ont été immédiatement interrompues. Le cadre était peut être trop étroit, le questionnaire ne portant que sur la communauté et le régime dotal. Aussi, les résultats obtenus, non sans peine, du concours peu empressé du notariat, semblent-ils, pour cette cause et pour d'autres encore, entachés de graves erreurs. Nous n'oserions donc, tout en le souhaitant, demander que ces recherches soient continuées. Cependant il est fort possible, si elles sont reprises, qu'elles aient pour résultat de constater que le régime dotal modifié est en progrès dans le pays.

L. LAROMBIÈRE.

(Lu. en juin 1880, à l'Institut, Académie des sciences morales et politiques.)

DÉPARTEMENT DE LA CREUSE.

EN MARCHE. — 135 COMMUNES.

Canton de Guéret, tout entier, communes.	13
— d'Ahun, tout entier, —	11
- de Bonnat, tout entier, —	12
— de Dun, tout entier, —	13
— du Grand-Bourg, commune de Fleurat	1
— de La Souterraine : commune de Bazelat,	
— de Saint-Germain....	2
— de Saint-Vaury : commune d'Anzème,	
— de Labrionne,	
— de Bussière-Dunoise,	
— de Saint-Léger,	
— de Saint-Sulpice	5
— d'Aubusson, tout entier, cnes ...	11
— de Bellegarde : commune de Champagnat,	
— de Saint-Domet.......	2
— de Chénerailles : commune de Chénerailles,	
— de Saint-Chabrais,	
— de Saint-Dizier,	
— d'Issoudun,	
— de Lavaveix-les-Mines,	
— de Saint-Médard,	
— de Saint-Pardoux-les-Cars,	
— de Peyrat-la-Nonière.	8
— de la Courtine : commune de Beissat,	
— de Malleret,	
— de St-Martial-le-Vieux,	
— du Mas-d'Artige,	
— de Saint-Pardoux-de-Chirouze,	
— du Trucq	6
— de Crocq : commune de la Villeneuve......	1
— de Felletin : commune de Felletin :	
— de Croze,	
— de Saint-Feyre-la-Montagne,	
— de Saint-Frion,	
— de Moutier-Roseille,	
— de Poussange,	
— de Saint-Quentin,	
— de Saint-Yrieix-la-Montagne..............	8

Canton de Gentioux : commune de Faux-la-Montagne,	
— de Gioux,	
— de St-Marc-à-Loubaud.	
— de Pigerolles,	
— de la Villedieu	5
— de Saint-Sulpice-les-Champs, tout entier, communes...........	11
— de Bourganeuf : commune de Mansat,	
— de Saint-Martin-Sainte-Catherine,	
— de Saint-Pierre-Chérignat	3
— de Bénévent : commune d'Augère,	
— d'Azat-Chatenet.......	2
— de Pontarion : commune de Saint-Eloi,	
— de la Chapelle-saint-Martial,	
— de Saint-Georges-la-Pouge,	
— de Janaillat,	
— de Sardent,	
— de Tauron............	6
— de Royère : commune du Monteil-le-Vicomte.	1
— de Chambon : commune de Saint-Julien-le-Châtel,	
— de St-Loup-les-Landes.	2
— de Châtelin-Malvaleix : commune de Châtelin-Malvaleix.	
— de Saint-Dizier-les-Domaines,	
— de Genouillac,	
— de Jalesches,	
— de Roches............	5
— de Jarnages : commune de Jarnages,	
— de Blaudeix,	
— des Forges,	
— Gouzougnat,	
— de Parsac,	
— de Pierrefitte,	
— de Rimondeix.,.......	7
	135

EN POITOU. — 29 COMMUNES.

Canton du Grand-Bourg : commune du Chamboran ,	
— de Saint-Pierre-de-Fursac,...............	2

Canton de la Souterraine : commune d'Azerables,	
— de St-Léger-Bridereix,	
— de Saint-Maurice,	

commune de Noth,
— de St-Priest-la-Feuille,
— de Vareilles, ... 6
Canton de Bénévent :
commune de Ceyroux,
— de Châtelus-le-Marcheix,
— de Saint-Goussand,
— Mourioux 4
— de Bourganeuf :
commune de Bourganeuf,
— de Saint-Amand-Jar-
toudeix,
— d'Auriat,
— de Bosmoreau,
— de Saint-Dizier,
— de Faux-Mazuras,
— de Mérignat,

commune de Saint-Priest-Palus,
— de Soubrebost........ 9
Canton de Pontarion,
commune de Pontarion,
— de Saint-Hilaire-le-
Château,
— de Lapouge 3
— de Royère :
commune de Saint-Junien-la-
Bregère,
— de St-Martin-Château,
— de Saint-Moreil,
— de Morterolle,
— de St-Pardoux-Lavaud. 5
——
29

EN COMBRAILLE. — 28 COMMUNES.

Canton de Boussac :
commune de Soumans 1
— de Chambon :
commune de Chambon,
— d'Auge,
— du Budelière,
— de Lépaud,
— de Noubant,
— de Tardes,
— de Verneige,
— de Viersat............ 8
— d'Auzances.
commune d'Auzances,
— de Biousse,
— de Bussière-Nouvelle,

commune du Compas,
— des Mars,
— de Rougnat,
— de Sermur 7
Canton de Bellegarde :
commune de Lupersat 1
— de Chénérailles :
commune de Chauchet,
— de la Serre-Bussière-
Vieille 2
— d'Evaux, le canton tout entier,
communes 9
——
28

EN BERRY. — 14 COMMUNES.

Canton de Boussac :
commune de Boussac,
— de Boussac-les-Eglises,
— de Bussière-St-Georges,
— de Leyrat,
— de Malleret,
— de Saint-Marien,
— de Nouzerines,
— de St-Pierre-le-Bost,
— de Saint-Silvain-Bas-
le-Roc,

commune de Toulx-Sainte-Croix,
— de Lavaufranche 11
Canton du Chatelus-Malvaleix :
commune de Tercillat.......... 1
— de Jarnages :
commune de Domérol,
— de Saint-Silvain-sous-
Toulx............... 2
——
14

EN AUVERGNE. — 9 COMMUNES.

Canton d'Auzances :
commune de Donteix,
— de Chard,
— de Lioux-les-Monges.. 3
— de Bellegarde :
commune de Mautes 1

Canton de Crocq :
commune de Saint-Bard,
— de Basville,
— de Mérinchal,
— d'Oradoux-près-Crocq. 5
——
9

EN LIMOUSIN. — 8 COMMUNES.

Canton du Grand-Bourg :
commune du Grand-Bourg,
— de Saint-Etienne-de-
Fursac,
— de Lizière,
— de St-Priest-la-Plaine. 4
— de Saint-Vaury,
commune de Saint-Vaury,

commune de Saint-Silvain-Mon-
taigut 2
— de Bénévent :
commune de Bénévent,
— de Marsac............ 2
——
8

En Franc-Alleu. — 4 Communes.

Canton de Bellegarde :
    commune de Bellegarde 1
— de Crocq :
    commune de Crocq,

commune de Saint-Agnan,
    — de Saint-Maurice...... 3
                 ——
                 4

En Bourbonnais — 3 Communes.

Canton de Jarnages :
    commune de Lacelle-sous-Gou-
        zon,

commune de Gouzon,
    — de Trois-Fonds....... 3
                 ——
                 3

En Marche-Franc-Alleu. — 12 Communes.

Canton de Bellegarde :
    commune de Bosroger,
    — Lachaussade,
    — de Saint-Silvain-de—
        Bellegarde.......... 3
— de la Courtine :
    commune de Clairavaux,
    — de Magnat,
    — de St-Merd-la-Breuille. 3
— de Crocq :
    commune de la Celle-Barmontoise

commune de Flayat,
    — de Saint-Georges-Ni-
        gremont,
    — de la Mazière-aux-bons-
        Hommes,
    — de Saint-Pardoux-d'Ar-
        net.............. .. 5
— de Gentioux :
    commune de Féniers....... 1
                 ——
                 12

En Marche-Poitou. — 6 Communes.

Canton de la Souterraine :
    commune de Saint-Agnan-de-
        Versillat,............ 1
— Felletin :
    commune de Vallières.......... 1
— de Gentioux :
    commune de Gentioux,

commune de la Nouaille........ 2
— de Bourganeuf :
commune de Montboucher...... 1
— de Pontarion :
commune de Vidaillat.......... 2
                 ——
                 6

En Limousin-Poitou. — 4 Communes.

Canton de Saint-Vaury :
    commune de Gartempe........ 1
— de la Souterraine :
    commune de la Souterraine 1

Canton de Bénévent :
    commune d'Arènes,
    — d'Aulon............. 2
                 ——
                 4

En Marche-Berry. — 4 Communes.

Canton de Châtelus-Malvaleix :
    commune de Bétête,
    — de la Cellette,

commune de Clugnat,
    — de Nouziers.......... 4

En Marche-Limousin. — 2 Communes.

Canton de Saint-Vaury :
    commune de Montaigut-le-Blanc. 1
— de Royère :

commune de Saint-Pierre-le-
    Bost.............. 1
                 ——
                 2

En Bourbonnais-Combraille. — 2 Communes.

Canton de Boussac :
    commune de Bord............. 1
— de Chambon :

commune de Lussat........... 1
                 ——
                 2

En Poitou-Combraille. — 1 Commune.

Canton de Royère :
  commune de Royère.

En Franc-Alleu-Combraille. — 1 Commune.

Canton de Bellegarde :
  commune de Mainsat.

En Marche-Franc-Alleu-Limousin. — 1 Commune.

Canton de la Courtine :
  commune de la Courtine.

Orléans. — Imp. Ernest Colas

www.ingramcontent.com/pod-product-compliance
Lightning Source LLC
Chambersburg PA
CBHW060758280326
41934CB00010B/2511